AF377290

MÉMOIRE

SUR

L'ÉGYPTE,

Considérée comme possession agricole, commerçante, militaire et politique.

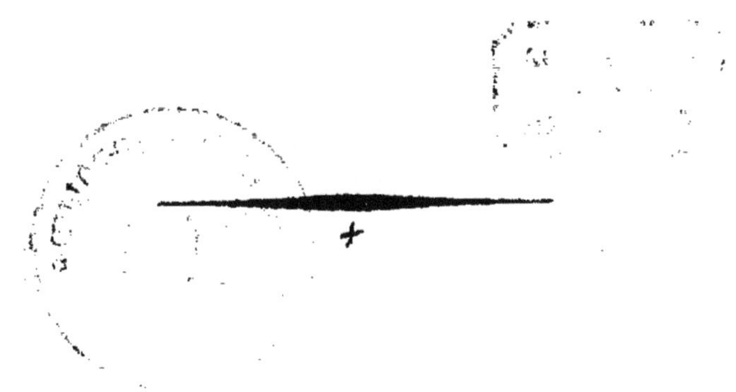

A PARIS,

Chez DESENNE, Libraire, Palais-Égalité, Nᵒˢ 1 et 2.

AN VI.

MÉMOIRE

SUR

L'ÉGYPTE.

Ayant cru intéressant, dans un moment où l'on suppose que le gouvernement médite une expédition en Égypte, de mettre sous ses yeux le projet suivant que j'avais conçu et fait imprimer il y a seize ans, je me suis déterminé à extraire mes anciennes idées à ce sujet, à y joindre de nouvelles réflexions, et à remettre le tout au département de la Marine assez long-tems avant le départ de Buonaparte. Au reste, quel que soit le but de son expédition, il n'y a plus dans ce moment aucun inconvénient à rendre ce mémoire public ; il ne peut être même que très-utile d'éclairer une multitude de personnes sur les avantages importans et durables que la possession de l'Égypte procurerait à la France.

A

EXTRAIT

DES CONSIDÉRATIONS POLITIQUES,

Édition de 1783, pages 43 et suivantes.

(1) » D'AILLEURS, qui sait jusqu'où s'étendra la reconnaissance des Ottomans envers la France, si celle-ci est obligée d'embrasser leur défense?

» Il est une région vaste et fertile, qui, d'une part, est limithrophe des Indes par la mer rouge, et de l'autre, voisine de nos côtes méridionales par la méditerranée.

» Il semble que la nature ait tout fait et tout prévu pour former, par cet état intermédiaire et par la mer rouge, une chaîne de communications depuis les côtes de Provence jusqu'à la côte de Malabar et avec le Golphe Persique, communications si commodes, qu'en six semaines l'on peut faire passer de France dans l'Inde, des avis ou des ordres, et réciproquement des Indes en France : quelle est la nation océane en Europe

---

(1) Cette phrase a trait à l'invasion de la Turquie européenne, projetée par Catherine et par Joseph.

qui pourrait balancer l'avantage d'une telle position? il n'en existe pas... Les avantages qui peuvent en résulter pour la France, seront aussi durables qu'elle même, puisqu'elle les devrait non-seulement à une combinaison savante, dépendante des circonstances du moment, mais à sa position sur le globe, en un mot à la nature qui est immuable, et qui les lui conservera éternellement.

» Mais, me dira-t-on, qu'importe la position de la France à l'égard de l'Égypte, si celle-ci est sous la domination Ottomane? Voici ma réponse... Personne n'ignore que, depuis près d'un siècle surtout, l'Égypte n'est qu'idéalement sous la domination de la Porte; l'anarchie du gouvernement féodal y est portée à son comble : de vils esclaves, devenus Beys par une suite de forfaits et de bassesses, se partagent ce malheureux royaume, et ne tolérant, que quand il leur plait, un Pacha que le grand seigneur n'y envoie que pour la forme, ces obscurs tyrans pillent, ravagent et ensanglantent continuellement ce beau royaume; en un mot, le Sultan, au lieu de tributs, n'en reçoit que des outrages.

» Lorsque l'un de ces aventuriers se trouve avoir plus de génie que les autres, il les écrase , et ne balance pas alors à marcher en Syrie , pour dévaster ou même s'emparer de cette riche province : Ali-Bey , et depuis lui Morat - Bey ne se proposaient rien moins que d'enlever aux Turcs cette belle partie de leur Empire.

» Il serait donc possible de convaincre la Porte , 1° que l'Égypte n'est plus, dans le fait , dépendante de l'empire Ottoman, et que par conséquent en la cédant à la France , le Sultan, loin de rien perdre , se débarasse au contraire de sujets rébelles, dont l'exemple peut influer sur les autres provinces, comme l'expérience ne l'a déjà que trop prouvé.

» 2° Qu'elle se met par cette cession à l'abri de toute invasion pareille à celles d'Ali-Bey ou de Morat-Bey.

» Serait-il donc étonnant que la Porte se décidât , par reconnaissance , à nous céder un pays déjà démembré de l'Empire, ou du moins à nous accorder la libre navigation de la mer rouge; dans l'un ou l'autre cas, qui peut apprécier les avantages qui en résulteraient pour la France ? et cependant, ces avantages, nous les devrions à l'ambition des Russes.

» Mais, me dira-t-on encore , les Russes

partageront, du moins pour le commerce de l'Inde, ces avantages avec vous par leur position sur la mer Caspienne, et par les provinces Persannes, au sud de cette mer, dont ils se sont emparées ; acquisitions qui leur donnent la facilité d'ouvrir un grand commerce avec le Golphe Persique et l'Inde.

» A cela je réponds, 1° que les Russes ont déjà formé de pareils établissemens en Perse, et qu'ils ont été obligés de les abandonner, ce qui prouve qu'ils ont déjà rencontré des obstacles à leurs vues.

» 2° Un pareil commerce ne pouvant se faire que par caravannes, est sujet à mille inconvéniens qui le tiendront dans un état de langueur, et peut-être en absorberont tous les profits.

» 3° Malgré la bonne volonté de l'usurpateur actuel du trône des Sophis, qui cède aux Russes ce qui ne lui appartient pas, dépend-il de ceux-ci de pacifier la Perse en proie, depuis près d'un siècle, à des guerres civiles et à des révolutions continuelles ; et des aventuriers qui s'emparent momentanément d'un trône toujours ensanglanté, qui sont aujourd'hui maîtres d'Ispahan, et demain dans la poussière ou égorgés, peuvent-ils faire des traités et les maintenir, quand ils ne peuvent pas se maintenir eux mêmes sur le trône.

» Il me paraît donc que les nouveaux établissemens des Russes en Perse, en supposant qu'ils les conservent, ne pourront jamais balancer les avantages que l'ambition de la Russie engagera peut-être la Porte à nous faire ».

SUITE

DES CONSIDÉRATIONS POLITIQUES.

COLONIES FRANÇAISES.

Extrait, pages 112 *et suivantes.*

» On paraît sentir généralement l'importance des colonies et l'avantage dont elles sont à la France ; d'une part, en formant et multipliant nos matelots ; de l'autre , par l'activité qu'elles répandent dans de nombreuses branches d'industrie nationale , et par les retours immenses qu'elles nous donnent en denrées coloniales, dont une grande partie excédant la consommation intérieure de la France, est transportée et vendue dans toute l'Europe, et procure à la France une balance de commerce avantageuse : ce qui tend continuellement à vivifier l'industrie nationale, et à accroître nos ressources et notre prospérité.

» Ces avantages sont sans doute considérables ; mais, dans la situation actuelle des choses, seront-ils durables ?

» L'affranchissement de l'Amérique septentrionale a été irrévocablement décidée par la défaite et la retraite de l'armée navale anglaise devant la baie de la Chésapeak, et par la prise d'York-Town et de l'armée de *Cornwalis* qui en furent la suite, opérations hardies, habilement combinées, et exécutées, comme l'on sait, avec le plus grand succès par les généraux de Grasse et de Rochambeau : cette double victoire et ses suites décidèrent si bien du sort de l'Amérique, que, malgré l'événement de la journée du 12 avril suivant, les Anglais se virent contraints de faire la paix et de reconnaître l'indépendance des Américains.

» Mais, comme dans toutes les choses de ce monde le bien est à côté du mal, et que les avantages se trouvent balancés par des inconvéniens, l'on ne peut se dissimuler que l'indépendance de l'Amérique, qui nous sera sans doute long-tems avantageuse, finira cependant un jour par nous être préjudiciable, attendu que tôt ou tard les Antilles passeront sous la domination des Américains. Cette nouvelle révolution est, je n'en doute pas, très-éloignée encore, mais n'en arrivera pas moins à une époque quelconque, époque que l'union ou la désunion des treize États entr'eux accélérera plus ou moins.

» Je conviens que la puissance de la France, et plus encore la reconnaissance des Américains envers un allié qui a si éminement contribué à leur émancipation, reculera encore plus pour nous cette époque que pour toute autre nation ; mais enfin, comme un demi-siècle, un siècle même doivent être comptés pour rien, quand il s'agit d'un Empire comme la France, dont la durée peut et doit, d'après toutes les probabilités, s'étendre à un très-grand nombre de siècles, ne peut-on pas franchir en pensée l'espace de cinquante ou de cent années, et se demander si, dans l'hypothèse de la réunion future des Antilles à l'Amérique septentrionale, la France ne pourrait pas se procurer d'avance et dès à présent, dans quelque partie du globe, un équivalent de ses possessions aux Antilles, ou même un dédomagement plus avantageux encore ? et dans le cas où la position physique de la France lui permettrait de se procurer cet équivalent, ne serait-il pas sage de s'occuper de ce projet dans un moment propre à en faciliter la réussite ?

» Or, en admettant ces questions, je demande si la position physique de la France ne la met pas dans une situation plus avantageuse que toutes les nations océanes de l'Europe pour former des projets sur l'Égypte ; je demande si, dans l'hypothèse de la conquête de l'Égypte, la France couvrant alors de son ombre une partie de l'Europe, de l'Afrique et de l'Asie; si, touchant d'une main l'océan Indien, par la mer rouge, et de l'autre la méditerranée et l'océan Atlantique, par ses propres côtes; si, possédant et vivifiant une région aussi vaste, aussi peuplée, aussi fertile que l'Égypte, une région dont le climat et le sol produiraient le coton, le sucre et l'indigo que donnent aujourd'hui à la France ses Antilles, une région qui procurerait à la France, par sa grande population, un débouché décuple de celui des Antilles pour les denrées ou les marchandises de la Métropole, indépendamment des grandes facilités que cette même possession donnerait encore pour faire avec un avantage prépondérant le commerce des grandes Indes et de la Perse, et pour en établir un nouveau, également important, avec l'Arabie et différentes parties de l'Afrique; je demande si une telle possession ne dédommagerait pas bien amplement et bien richement la France de la perte de ses Antilles ?

» Je présume qu'il n'est personne qui n'en convienne.

» Reste donc à savoir comment l'Égypte pourrait passer dans les mains de la France.

» Je ne vois que deux moyens de l'acquérir, ou par la cession volontaire qui nous en serait faite par les Turcs, d'après les motifs que j'ai déjà indiqués dans les considérations politiques, ou par la conquête que nous en ferions.

» Suivant les circonstances, nous pouvons entreprendre cette conquête, ou de l'aveu des cours de Vienne et de Pétersbourg, ou sans leur aveu.

» Sans leur aveu, s'il paraît important ou praticable de conserver aux Ottomans la Turquie Européenne; de l'aveu de ces cours, si les Turcs s'obstinant à ne point vouloir profiter des conseils qu'on leur donne, persistent à refuser de se mettre dans un état de défense convenable.

» Dans l'une ou l'autre hypothèse, la France se rendrait maîtresse de l'Égypte et de l'île de Chypre : cette île, indépendamment de la richesse de son sol, nous serait infiniment importante par sa situation, attendu qu'en y tenant une escadre, nous serions toujours en état de porter la terreur sur les côtes de l'Asie mineure, si les Turcs essayaient de nous troubler dans la possession de l'Égypte.

» J'ai déjà observé dans les considérations politiques, que l'Égypte est aujourd'hui dans un tel état de faiblesse et d'anarchie, que l'on s'en emparerait facilement avec vingt ou vingt-cinq mille hommes : j'ai observé également que cette région se trouvant naturellement défendue par des déserts et des montagnes, serait très-facile à protéger contre toute attaque du dehors, si une fois elle était entre les mains d'une nation guerrière et instruite de l'art militaire.

» L'on me dira peut-être que rien ne nous presse de réaliser ce projet, et qu'en admettant qu'il puisse s'effectuer, il sera sans doute assez tems d'y songer lorsque nous n'aurons plus l'espoir de conserver nos colonies.

» A cela je réponds que, bien que l'Égypte soit aujourd'hui plongée dans l'anarchie, l'on ne peut pas en conclure qu'elle restera dans cet état de faiblesse encore un siècle ou deux ; car qui peut calculer les suites de la régénération qu'opérerait un homme de génie s'il en naissait un en Égypte, et qui peut assurer qu'il ne plaira pas à la nature de lancer enfin un grand homme dans ce beau royaume ? Alors un tel homme profitant des ressources immenses qu'il aurait sous la main, opérerait bientôt une révolution qui nous mettrait à jamais dans l'impossibilité de nous emparer de l'Égypte, et de retrouver les circonstances favorables et l'occasion probablement unique que la fortune nous offre aujourd'hui, et que nous aurions laissé échapper.

» Et si des personnes, trompées par l'état actuel des choses, persistaient à croire que la molesse et le défaut d'énergie des Égyptiens tiennent absolument à la nature de leur sol et de leur climat, et non au mauvais gouvernement qui les avilit et les dégrade ; si, dis-je, ces personnes présumaient les Égyptiens incapables d'acquérir jamais de l'énergie sous la main d'un homme de génie, qu'elles réfléchissent si, du tems des Sésostris et des Pharaons, l'Égypte n'était pas formidable ; qu'elles réfléchissent si, après avoir été long-tems dégradée sous le joug des Perses, elle n'a pas repris toute sa splendeur sous les

Ptolémées ; qu'elles s'instruisent si, dans des tems plus modernes, après avoir langui de nouveau, elle n'a pas recouvré sa puissance sous les Califes ou Soudans, et si, sous ces nouveaux maîtres, sa milice et ses Mamelucs n'ont pas moissonné nos plus braves guerriers.

» Si donc l'Égypte a déjà, dans trois époques différentes, développé de grands moyens de puissance, il est certain qu'un homme d'un grand caractère, développant de nouveau ces mêmes germes de puissance, la tirerait encore du néant aussi facilement, et saurait bientôt la rendre encore redoutable : donc nous devons profiter de son état actuel de faiblesse, si nous voulons réussir à nous en emparer, et ne pas courir les hasards de telle révolution qui nous en fermerait à jamais l'entrée, si, négligeant le moment favorable, nous remettions l'exécution de ce projet à un tems plus éloigné.

» Je le répète, jamais la fortune ne présenta à la France et ne cumula des circonstances plus heureuses et plus propres à prévenir dès à présent et à réparer richement dans le tems les malheurs que la perte plus ou moins prochaine, mais tôt ou tard inévitable de nos colonies, attirera sur nos têtes : il ne sera plus tems alors de vouloir réaliser

un projet aujourd'hui si facile ; devenu im·
possible par un nouvel ordre de choses, nos
regrets seraient vains et inutiles. Profitons
donc de l'occasion brillante que nous offre
la fortune par la situation politique de l'Europe dans ce moment, pour affermir à jamais
la puissance et la prospérité de la France, en
réunissant à son Empire une région qui n'est
séparée de nous que par une mer sur laquelle
nous dominons ; une région trop éloignée des
forces de nos rivaux pour que nous puissions
les redouter un moment ; une région enfin,
qui, dans les circonstances actuelles, n'attend
que notre présence pour se soumettre, et
qui une fois soumise, ne saurait plus nous
échaper, puisqu'elle est facile à défendre
contre les barbares qui l'environnent, et séparée par de trop grandes distances de nos rivaux,
pour que leurs forces puissent y atteindre.

» Peut-être, au reste, ne manque-t-il à
mon plan, pour paraître grand et bien conçu,
que d'être proposé par un personnage à la
tête d'une puissante monarchie ou maître de
disposer de ses forces, tant il est vrai que les
hommes ne jugent le plus souvent des choses
que par des circonstances étrangères aux
choses mêmes. Trop souvent l'on admire
jusqu'à l'enthousiasme les idées de tel homme,

et l'on s'extasie sur la hardiesse et l'étendue de son génie, uniquement parce qu'il est placé avantageusement sur le théâtre du monde; trop souvent aussi l'on n'apprécie point et l'on est même tenté de traiter de romanesques les idées saines et grandes de tel autre homme, parce qu'on le croit inconnu, ou parce qu'on veut juger de ce qu'il est par ce qu'il paraît être. Il est cependant des personnes qui ne jugent point aussi légèrement, et qui faisant abstraction de toute considération étrangère, approfondissent les objets qu'on leur présente, et sentent parfaitement que tel projet qui eût été fou à telle ou telle époque, est simplement grand et hardi à telle autre époque donnée; mais, en général, les hommes qui sentent leurs forces, et ceux qui sont disposés à les apprécier, sont rarement à portée de décider de la destinée des empires ».

Indépendamment de ce que j'ai dit sur l'Égypte dans les considérations politiques, en 83 et 85, j'invitai de nouveau en 90 les Français à effectuer la conquête de l'Égypte, à l'exemple de leurs ancêtres, dont les uns avaient conquis la Sicile, et les autres s'étaient emparés de Constantinople et de l'Empire

(.16)

Grec , de la Palestine, d'Antioche et de Chypre.

Mais la plupart des hommes ne jugeant des choses que d'après leurs préjugés ou d'après des apperçus plus ou moins circonscrits , les uns imaginèrent que ma proposition était un persifflage et partait d'une main ennemie; les autres, voulant bien me supposer de bonne foi , trouvèrent ce plan absurbe et fou.

Ceux-ci, frappés encore des malheurs et des revers qu'avaient éprouvés Louis IX et sa chevalerie , ne voulaient pas voir que les tems , les hommes et les choses n'étaient plus les mêmes sous aucun rapport.

Dans le siècle de Louis IX , les Français étaient aussi braves assurément que de nos jours; mais leur discipline, leur tactique et leurs armes étaient inférieures à celles des Sarrasins ou Mamelucs , qui avaient d'ailleurs alors l'énergie et l'enthousiasme d'une nation neuve et conquérante (1).

Aujourd'hui au contraire , les Français joignent à leur bravoure naturelle, une connaissance parfaite de l'art militaire , une

---

(1) On verra dans les Mémoires de Joinville, que les Sarrasins faisaient usage du feu grégeois ; il causait beaucoup de ravage dans l'armée des Croisés qui en avaient une grande frayeur.

artillerie

artillerie formidable et l'usage de la baïonette inconnue aux Mamelucs, dont les forces d'ailleurs ne s'élèvent pas aujourd'hui à plus de vingt mille hommes.

Enfin, pour rassurer complétement contre de vaines terreurs, j'avais eu soin d'observer dans ce même écrit, que ce qui démontrait victorieusement la possibilité et la facilité de la conquête de l'Égypte, était l'expédition faite depuis peu par *Hassan-Pacha*, vieillard de plus de quatre-vingts ans, qui, en un mois de tems, à dater de l'époque de son débarquement à Alexandrie, était parvenu, avec vingt mille hommes de milices turques, à s'emparer du Delta et du Caire, et à repousser les Beys dans la haute Égypte, après les avoir battus dans toutes les rencontres.

Il était donc évident que quarante mille Français, secondés par un corps nombreux d'artillerie et par d'habiles ingénieurs, enleveraient d'emblée et conserveraient facilement un pays qui n'avait pu se défendre contre de mauvaises troupes, inférieures en nombre de moitié, et dépourvues d'artilleurs et d'ingénieurs.

Il ne faut pas présumer, au reste, que l'espèce chétive de nos chevaux puisse tenir devant des chevaux Arabes ; mais en ne

B

laissant pas languir et éventer notre expédi-
dition, on doit espérer que l'on pourra ras-
sembler dans le Delta un assez grand nombre
de chevaux pour monter nos cavaliers.

Au surplus, on ne doit pas perdre de vue
que depuis un demi-siècle, ce nest pas *avec
leur cavalerie* que les Russes battent cons-
tamment les Turcs, dont les armées trois fois
plus nombreuses que celles des Russes, sont
surtout redoutables par une excellente cavalerie ; mais c'est avec leur infanterie, par son
feu supérieur, et avec les baïonnettes de cette
même infanterie, que les Russes triomphent
des Turcs.

C'est donc sur notre infanterie, sur son feu et
sur ses baïonettes, c'est sur le feu vif et bien
dirigé de notre artillerie, que nous devons
compter pour battre et détruire les Mamelucs.

Au reste Hassan-Pacha ayant évacué l'É-
gypte après l'avoir mise à contribution, elle
fut aussitôt perdue que conquise ; mais sans
doute les Français auraient su et sauront la
conserver, et pour cela il suffit de le vouloir.

Quoi qu'il en soit, puisqu'il est aujourd'hui
question (dit-on) de mettre mon plan à exécution, je crois devoir ajouter à ce que j'ai déjà dit
de l'Égypte dans les considérations politiques,
et dans l'écrit que je viens de citer, les ob-

(19)

servations suivantes qui sont aussi importantes
que rassurantes.

1° La récolte se fait en Égypte en mars
et avril ; tout est récolté et fermé en mai.

2° Les vents étésiens soufflant constam-
ment du nord au sud, depuis mai jusqu'au
solstice d'été, produisent deux effets : le
premier, c'est de rafraîchir et de purifier
l'atmosphère du Delta et de la haute Égypte ;
le second, c'est de porter et d'accumuler
toutes les vapeurs vers le midi de cette région,
et de les réunir au cœur de l'Éthiopie, aux
sources mêmes du Nil.

Les pluies abondantes qui en sont le résultat
grossissent le Nil, et portent ensuite l'inondation dans toute l'Égypte.

3° Cette région est submergée pendant les
mois de juillet, août et septembre.

Il résulte de ces faits que l'on pourra donc,
en entrant en Égypte dans le courant de mai,
être assuré d'y trouver la récolte faite, et
conséquemment tous les approvisionnemens
nécessaires pour une année entière : donc,
nulle inquiétude pour les subsistances et pour
la conservation de l'armée.

Les mois de mai et de juin seront plus que
suffisans pour soumettre le Delta et la moyenne
Égypte, avant l'époque du débordement :

il est essentiel de brusquer cette opération , du moment que l'on aura mis pied à terre , et de marcher droit au Caire , en prenant toutes les précautions possibles pour la conservation des récoltes de riz et de grains , que l'on trouvera faites et serrées comme je l'ai dejà observé.

On remettra la conquête de la haute Égypte à l'hiver , après la retraite des eaux.

On emploiera les trois mois de l'inondation à fortifier l'isthme de Suez par une ligne serrée de redoutes bien garnies d'artillerie; ce qui empêchera les Arabes de pénétrer désormais dans cette belle région.

Enfin , en novembre , on laboure et l'on ensemence les terres suffisamment ressuyées à cette époque; par conséquent , en décembre et janvier , le sol étant parfaitement raffermi, on peut entreprendre et achever la conquête de la haute Égypte.

Ainsi , en débarquant dans le courant de mai , la conquête de l'Égypte entière peut et doit être achevée en neuf mois , et l'on sera assuré de deux récoltes , l'une faite et fermée au moment du débarquement , et l'autre sur terre au moment où l'on marchera sur la haute Égypte (1).

---

(1) Si au reste on arrivait en Égypte après l'époque du débor-

On peut être parfaitement rassuré sur les approvisionnemens de l'armée ; car personne n'ignore que pendant des siècles l'ancienne Rome , qui contenait plusieurs millions d'habitans , était alimentée par l'excédent des récoltes de l'Égypte.

Pendant d'autres siècles encore , sous l'empire d'Orient , Constantinople fut également alimentée par l'excédent de ces mêmes récoltes.

Et enfin , depuis que cette ville est devenue la capitale de l'empire Ottoman , elle est encore approvisionnée par l'Égypte.

Donc la présence de notre armée et son séjour dans cette région ne doivent donner aucune inquiétude pour ses subsistances.

Les trois mois d'inondation donneront le tems de fortifier Alexandrie, Damiette, Rosette et Peluse , ainsi que l'isthme de Suez, et de rendre celui-ci inabordable aux Arabes.

On ne doit pas perdre de vue que l'Égypte ne peut être insultée par terre que par deux points, l'isthme de Suez qui confine à l'Arabie, et Syenne ou Éléphantine qui confine à l'Éthiopie. Aussi les Romains ont-ils défendu

dement, on pourrait également entamer et suivre les opérations , en employant les chaloupes de la flotte et les embarcations du Nil.

et conservé l'Égypte pendant des siècles avec une seule légion.

Mais la conquête de l'Égypte une fois faite, que résultera-t-il pour la France de cette entreprise, plus facile peut-être encore à exécuter, qu'elle ne sera glorieuse et éclatante ?.... De deux choses l'une :

Ou l'on voudra sur le champ chasser les Anglais de l'Inde de vive force, ou l'on se contentera d'anéantir leur commerce avec cette riche région, et de les remplacer par l'avantage seul de notre position.

Dans ce dernier cas, il suffira d'établir des entrepôts au Caire, à Alexandrie et à Marseille.

Alors, d'après les ordres que l'on enverra à Marseille, les marchandises de l'Inde descendront à Paris et dans tous nos ports de l'océan, en un mois ou six semaines, par la voie du roulage et par le canal de Languedoc, indépendamment de celles qui y arriveront par mer.

Or les Anglais sont dix-huit et vingt mois à attendre les retours ; donc, sous peu d'années, le commerce anglais avec l'Inde sera anéanti, ne pouvant en aucune manière soutenir une pareille concurrence, avantage que nous devrons à notre communication facile et rapide avec l'Inde par la mer rouge.

Donc la France sera seule, sous peu d'années, en possession du commerce de l'Inde, et des bénéfices de ce même commerce.

Dans le premier cas, c'est-à-dire, si l'on veut expulser promptement les Anglais de l'Inde, et rendre cette vaste région à ses souverains naturels, rien ne sera plus facile que de faire passer en très-peu de tems, par le moyen d'une escadre que l'on aura à Suez, tel nombre de troupes que l'on voudra, soit aux Marattes, soit à Tippo-Saïb, qui, bien sûrs d'être puissamment soutenus par nous, du moment que nous serons maîtres de l'Égypte, et étant mortels ennemis des Anglais, s'empresseront de les attaquer, et leur feront une guerre d'extermination, jusqu'à ce qu'ils les aient expulsés du Bengale et de leurs autres possessions, ce qu'ils feront immanquablement et promptement avec notre secours.

Pour nous, il nous suffira de prendre comme indemnité et de conserver dans l'Inde, les ports de Trinquemale et de Bombay, où nous stationerons deux divisions de notre escadre de Suez (1); elles serviront à proté-

---

(1) Comme Suez n'a qu'une rade pour les vaisseaux de guerre, il faudrait fixer notre marine militaire à Cossir, à la hauteur de Thèbes.

B 4

ger et faire respecter notre commerce sur les côtes de Malabar et de Coromandel, et depuis le Golphe Persique jusqu'au fond du Golphe du Bengale.

On n'aura au reste rien à craindre des Indiens, qui n'ont point, n'ont jamais eu, et n'auront jamais de marine militaire ; leur système religieux s'y oppose.

D'ailleurs, nous aurons sans doute la sagesse de renoncer à tout établissement continental qui, une fois maîtres de l'Égypte, nous serait parfaitement inutile ; nous ne donnerons donc aucune jalousie aux puissances de l'Inde, et nous conserverons ainsi leur confiance et leur amitié.

Telles sont les observations que j'avais à ajouter à celles que j'ai déjà faites sur l'Égypte en 83, 85 et 90 : puisse le tout contribuer à la gloire et à la prospérité de ma patrie !

Il est au reste de mon devoir d'observer encore que le gouvernement a sous sa main un officier de mérite, le citoyen *Montigny*, qui a fait, il y a vingt ans, une reconnaissance militaire de l'Égypte et de la mer rouge, et qui étant ensuite passé dans l'Inde par le détroit de Babelmandel, a résidé plusieurs années auprès des Marattes, dont il connaît parfaitement les forces et la politique, ainsi que celles des autres puissances de cette vaste région, qu'il a eu ordre de parcourir et d'observer.

Cet officier a sans doute conservé des notes et des plans relatifs à ces divers objets, et qui doivent être propres à confirmer et diriger les vues que l'on peut avoir.

ADDITIONS.

Depuis la rédaction de ce mémoire, on a élevé des doutes et formé des objections que je vais résoudre.

Je les résumerai donc, et j'y répondrai successivement.

» On paraît craindre la chaleur du
» climat de l'Égypte ».

· J'observerai que nos possessions du Sénégal, des Antilles, de la Guyane et de la côte de Coromandel, sont sous une latitude bien plus méridionale que l'Égypte, puisque Alexandrie, Damiette, etc., sont par 31 degrés de latitude, — le Caire, par 30, — et Thèbes, par 25; pendant que le Sénégal est par 14 degrés de latitude, — la Martinique de même, Saint Domingue, par 18, — les îles de la Réu-

nion et de France, par 20, — Pondichéry,
par 11, — et enfin Cayenne, par 4 degrés.

Or, nos soldats soutiennent la chaleur de
ces climats, et y combattent avec la plus
grande vigueur, et cela, après des traversées
de deux mille, de quatre mille et de six mille
lieues ; donc, à plus forte raison, seront-ils
en état de supporter le climat de l'Égypte qui
est beaucoup moins méridional, et d'y combattre avec succès, surtout après une tra-
versée de quinze jours ou trois semaines
seulement, au lieu d'être comme celles des
Indes ou d'Amérique, de deux, de quatre
et même de six mois : cela est évident.

Mais, dira-t-on, la chaleur en Égypte est
fort augmentée par la réverbération des déserts sabloneux de la Lybie et de l'Arabie, et
par le vent brûlant qui souffle de ces mêmes
déserts : cela est vrai ; mais on doit observer
que le vent étouffant qui souffle de l'Arabie,
ne se fait sentir que très-accidentellement ;
c'est ce même vent dont l'influence s'étend
en Sicile et à Naples même, et qui est connu
dans ces contrées sous le nom de *Sciroco*.

D'ailleurs, l'Égypte se trouvant submergée précisément pendant les mois de juillet,
août et septembre, et par conséquent à
l'époque où ce vent serait le plus pernicieux,

la présence et la fraîcheur des eaux affaiblit nécessairement l'influence de ce même vent.

Au reste, un pays qui renferme des villes comme *le Caire*, peuplées de cinq cents mille ames, ne saurait être un pays mal sain : Thèbes, dans la haute Égypte, avait jadis deux millions d'habitans.

Enfin, les raisonnemens ne sont d'aucune valeur devant des faits; or, des légions romaines, tirées de la Dacie, de la Pannonie, de l'Illirie et des Gaules mêmes, et dont les soldats étaient indigènes de ces mêmes régions, ont supporté le climat de l'Égypte sans inconvénient, pendant des siècles; pourquoi donc des légions françaises ne pourraient-elles pas y vivre également aujourd'hui ?

» On paraît inquiet sur les forces des » Beys d'Égypte ».

J'ai déjà observé, qu'elles consistent actuellement en vingt mille hommes au plus, connus sous la dénomination des *Mamelucs*.

Voici qu'elle est l'organisation de cette milice.

Le corps ou la milice des Memelucs n'est point composé d'Égyptiens ou d'indigènes; mais de Géorgiens et de Grecs que l'on amène en Égypte dans leur enfance, et que l'on

vend aux Beys comme esclaves : on donne
à ces enfans une éducation militaire ; à l'âge
de dix-sept à dix-huit ans on les incorpore
dans les Mamelucs.

Ceux d'entr'eux qui se distinguent par
leur courage et leur intelligence, sont élevés
en grade, et quand il vient à mourir un Bey,
c'est parmi ceux-ci que les autres Beys
choisissent un successeur et un collègue.

Telle est l'organisation de la milice connue
sous le nom de Mamelucs ; d'où il résulte,
que ce corps une fois détruit, il n'existera
plus aucune force militaire en Égypte, attendu
que les indigènes, abâtardis depuis des siècles,
ne sont rien moins que soldats, et ne le seront
pas de long-tems.

C'est cet état de choses qui rend la conquête de l'Égypte si facile et si rapide.

» On craint de ne point trouver en
» Égypte suffisamment de bras pour
» les travaux de nécessité ou d'utilité
» que l'on voudra y entreprendre ».

Cette crainte ne saurait être fondée que
sur le défaut de population, ou sur l'indo-
cilité des Égyptiens.

Or, le Delta étant parfaitement cultivé,
et le Caire seul renfermant cinq cents mille
ames, attestent une population surabon-
dante et excédante aux besoins.

Quant à la docilité des Égyptiens , la ré
signation avec laquelle ils supportent le joug
de fer des Beys et des Mamelucs, prouve
que l'on disposera facilement de leurs bras,
sur-tout en les traitant avec humanité , en
les payant convenablement , et en n'exigeant
d'eux que des travaux modérés , comme
cela est de toute justice.

> » Certaines personnes prétendent que
> » le commerce de l'Inde par le Cap
> » de Bonne-Espérance n'entraîne pas
> » plus de frais qu'il n'en occasionnera
> » par la mer rouge , à raison des
> » chargemens et déchargemens qu'il
> » faudra faire à Suez , au Caire , à
> » Alexandrie et à Marseille , ou dans
> » un port quelconque de la méditer-
> » ranée ou de l'océan. ».

Je laisse à d'autres à faire le calcul, 1°
des frais qu'entraîne l'armement d'un vaisseau
que l'on expédie avec un nombreux équipage,
d'Europe aux Indes par le Cap de Bonne-
Espérance.

2° Des frais de son séjour dans l'Inde
pendant six mois.

3° De ceux de son retour en Europe.

Mais je suis convaincu d'avance que ces
frais sont, sans aucune comparaison, plus

(3o)

considérables que les frais que nécessiteront le transport des cargaisons, 1º de Suez au Caire, — 2º du Caire à Alexandrie, — et 3º de cette même ville à Marseille, ou dans tel autre de nos ports de la méditerranée ou de l'océan que l'on voudra.

Observez que le canal de Suez au Caire une fois rétabli, il n'y aura plus, pendant des siècles, que deux transports, l'un de Suez à Alexandrie, et le second d'Alexandrie dans un de nos ports quelconques.

L'assertion que je réfute paraît donc absolument erronée, sur-tout si l'on considère que deux ou trois ans après notre prise de possession de l'Égypte, des entrepôts immenses pouvant être formés au Caire et à Alexandrie, et étant annuellement renouvelés, on ne dépendra plus en aucune manière des vents ni des moussons, et que l'on pourra fournir régulièrement la France et l'Europe, en deux mois de tems, de toutes les marchandises de l'Inde.

D'ailleurs, quand l'assertion en question serait aussi fondée qu'elle l'est peu, n'est-ce rien que de priver les Anglais du commerce de l'Inde, et de leur enlever par notre coalition avec les Marattes, et par leur expulsion totale de l'Inde qui en sera la suite nécessaire, de leur enlever, dis-je, *deux cents millions de revenu*, qu'ils tirent du Bengale et de leurs autres possessions continentales dans la presqu'île ?....

Que deviendra l'Angleterre à cette époque où, dépouillée d'un riche commerce et d'un revenu territorial immense, elle restera écrasée sous le poids épouvantable d'une dette énorme.

C'est cela, c'est ce grand résultat qu'il faut considérer, et non pas un calcul minutieux et visiblement erroné.

Enfin, a-t-on calculé les revenus et les produits que la France tirera de l'Égypte  même, dont le climat propre à la culture du sucre, du coton et de l'indigo, suppléera à la perte plus ou moins prochaine dè nos Antilles ?

A - t - on et peut - on calculer les bénéfices du riche commerce que nous serons à portée d'ouvrir avec l'Arabie d'une part, et de l'autre avec la Nubie, l'Abyssinie et avec les régions intérieures de l'Afrique, si abondantes en mines d'or, et autres productions également précieuses ?...

Telles sont encore une fois les vastes bâses de notre prospérité future, et tels sont les grands résultats de notre établissement en Égypte, qu'il faut prendre en considération.

» On demande encore , comment on
» parviendra à établir à Suez une ma-
» rine militaire, l'Égypte manquant de
» bois de construction et de mâtures».

Ce n'est pas l'Égypte , sans doute, qui nous fournira les matériaux de notre marine; mais, nous les trouverons facilement (en les payant) dans les forêts de l'Albanie , de la Macédoine et de la Thrace ; dans celles de la Natolie, et sur les côtes de la Syrie et de la Cœlé-Syrie, où les montagnes du Liban , de l'Anti-Liban et du Késroan , nous fourniront en abondance des mâtures superbes.

Ces mâtures, ces bois de construction seront transportés par nos frégates et nos flûtes , à Alexandrie, d'où ils remonteront le Nil jusqu'au Caire ; du Caire à Suez, on les transportera à dos de chameaux, ou par le traînage , ces robustes, utiles et dociles animaux portant ou traînant également les fardeaux.

Dans quelques années ces mêmes objets passeront du Nil dans la mer rouge par le canal projeté , et réciproquement.

C'est ainsi qu'avec l'activité nationale, et un peu de persévérance , nous parviendrons promptement à créer une marine militaire sur la mer rouge.

» Comme

» Voulant répondre à tout, je ne négli-
» gerai point l'objection suivante :
» Ne pourrait-on pas, dit-on, attendre
» à la paix, pour mettre à exécution
» la conquête de l'Égypte » ?

Attendre a la paix !... mais, indépen-
dament des inconvéniens et des obstacles
imprévus, résultans de tout retard dans les
grandes entreprises, et qui suffisent pour les
faire échouer ; mais, dis je, connaîtrait-on
assez peu les Anglais, pour imaginer qu'ils
resteraient à la paix, spectateurs oisifs et
indifférens de nos projets sur l'Égypte ?...
Ce serait assurément les bien mal juger.

Si les Anglais n'avaient pas d'autres moyens
de faire avorter notre entreprise, voici ce
qu'ils feraient, et la marche qu'ils tiendraient.

L'Égypte, comme je l'ai déjà observé dans
ce mémoire, n'est plus qu'idéalement et fic-
tivement, depuis un siècle, sous la domination de la Porte : eh bien, les Anglais, pour
parer le coup mortel que nous leur porterions
par la conquête de l'Égypte, ne balanceraient
pas à offrir au Sultan de réduire de concert
avec lui les Beys et les Mamelucs, et de se
rendre après l'expulsion de ceux-ci, les fermiers des tributs et des revenus de l'Égypte,
qu'ils se chargeraient de faire toucher régu-

lièrement au Sultan , moyennant une rétribu-
tion quelconque dont ils conviendraient.

C'est ainsi qu'ils se sont conduits il y a
quarante ans au Bengale : ils ont commencé
par offrir leur secours au *Nabab* d'alors; ils
se sont ensuite rendus ses fermiers et précep-
teurs des tributs, et ils ont fini par détrôner
ses successeurs , et par s'emparer en toute
propriété du Bengale et de ses dépendances :
ils suivent encore aujourd'hui le même sys-
tême et la même marche dans *la Nababie
d'Oud.*

Tel serait en définitif le dernier ressort
que feraient jouer les Anglais auprès du
Divan , pour nous frustrer de l'Égypte ; et
dans ce cas , les forces ottomanes étant sou-
tenues par des escadres et des troupes anglai-
ses , ou allemandes à la solde des Anglais ,
nous devrions renoncer à la conquête , aujourd'hui si facile , de l'Égypte.

Ainsi donc point de délai , point de fluc-
tuation ni de remise , il faut exécuter ce
projet sur le tems, ou y renoncer.

Je crois avoir réfuté solidement les diverses
objections que l'on m'a proposées ; je termi-
nerai donc par quelques réflexions sur un
bruit, vague il est vrai , mais assez répandu.

On prétend qu'il a été proposé au gouvernement Turc de faire marcher une armée française dans l'Indostan, à travers la Turquie Asiatique et la Perse.

En admettant, ce que je ne crois pas, que le Sultan et l'usurpateur actuel de la Perse y eussent consenti ; en admettant encore que celui-ci fût encore régnant quand nos troupes, après avoir franchi la Turquie et les déserts qui sont au-delà de l'Euphrate et du Tigre, arriveraient enfin sur les frontières de la Perse ;

Alors de nouveaux dangers attendraient notre armée épuisée de maladies et de fatigues.

Car le chemin le moins long pour pénétrer dans l'Indostan, étant de se diriger sur *Caboul*, notre armée serait obligée de longer les provinces Persannes au sud de la mer Caspienne, et là, elle trouverait immanquablement en tête, et sur ses flancs, une armée russe, composée de troupes fraîches et d'élite, et commandée par le général *Suwaroff*, par ce même général qui, après avoir triomphé des Turcs et pris d'assaut Ismaïloff, défendue par vingt mille hommes, et après avoir subjugué les nations belliqueuses du Caucase, a conquis une partie de la Perse ; par ce

Suwaroff enfin, qui, depuis peu, a envahi et soumis la Pologne.

Or, quelque haute opinion que j'aie de nos troupes et de leur valeur, il est impossible de supposer, qu'après une marche de douze cents lieues, dont une partie considérable se ferait dans des régions désertes et mal saines ; il est impossible, dis-je, de supposer qu'elles puissent passer sur le ventre d'une armée russe toute fraîche, composée de la meilleure infanterie connue, et commandée par un général qui toujours a conduit ses soldats à la victoire.

Armée qui d'ailleurs pourrait aisément réparer ses pertes, pendant qu'il nous serait impossible de réparer les nôtres.

Enfin, on ne perdra pas de vue sans doute, que les Romains, qui cependant étaient maîtres de l'Asie jusqu'à l'Euphrate, et même dans certains tems jusqu'au Tigre, ont vu périr quatre florissantes armées dans ces mêmes contrées.

La première, était sous les ordres de Crassus, égorgé par les Parthes, après leur avoir été livré par les débris de son armée, et avoir vu périr son fils dans la bataille. — La seconde, sous ceux du Triumvir Antoine. — La troisième était commandée par l'Empereur Valérien en personne, qui fut fait prisonnier par Sapor. — Et enfin, la quatrième, composée de l'élite des légions romaines, et notamment des braves vétérans des Gaules, était commandée par l'Empereur Julien, qui périt lui-même dans cette fatale expédition, au moment où il tâchait d'effectuer sa retraite et de sauver les débris de son armée.

Il est, je le présume, inutile d'ajouter aucune réflexion à des faits aussi frappants et aussi décisifs.

P. S. En proposant d'attendre que l'on ait construit une flotte à Suez pour attaquer les Anglais dans l'Inde, de concert avec le Ma-rattes, et en indiquant les moyens simples et naturels de parvenir à ce but, j'ai consulté les règles de la prudence et d'une politique ordinaire. Il est indubitable, que quelques années après la conquête de l'Égypte, on se trouverait en mesure d'expédier une escadre à la côte de Malabar par la mer rouge. — Mais comme j'écris pour des Français, et que l'impatience et la pétulance du caractère national les rend ennemis des lenteurs et des moindres délais, il serait possible de les satisfaire.

Si donc, le gouvernement veut agir et fraper rapidement, si les difficultés et les dépenses ne l'effraient point, s'il est disposé à employer des moyens extraordinaires, s'il veut enfin rivaliser les entreprises gigantesques des héros de la fable, et celles des héros de l'histoire, il est deux moyens d'atteindre les Anglais dans l'Inde promptement.

Le premier, simple et facile, consiste à détacher de l'escadre de Brest douze vaisseaux, six frégates et vingt bâtimens de transport fins voiliers : on y embarquera dix mille hommes, avec l'artillerie, les vivres et l'attirail nécessaires; s'ils réussissent à éviter l'escadre anglaise, nul doute qu'ils arriveront à tems dans l'Inde pour opérer avec succès la campagne prochaine, de concert avec les Marattes et avec les forces que nous aurons en Égypte. Ainsi notre expédition d'Égypte et celle de l'Inde seraient simultanées :

Mais, si l'on craint d'exposer cette escadre et ces troupes à la rencontre des Anglais, ou si d'autres vues déterminent à conserver réunies toutes les forces de Brest ;

Alors voici le second moyen que j'ai à proposer. — Celui-ci s'écarte absolument des règles et des mesures ordinaires. — Il étonnera sans doute par sa nouveauté et par son audace, mais il réussira si on le veut d'une volonté forte : il surprendra l'Europe et l'Asie ; mais il imprimera un grand caractère à la nation française, et immortalisera la conquête de l'Égypte.

Arrivés à Alexandrie avec toute notre flotte, et quand le Delta et le Caire seront soumis, que l'on profite des trois mois de débordement pour faire remonter le Nil à la moitié de notre flotte.

On le pourra en adaptant à nos vaisseaux, en leur adaptant, dis-je, des chameaux, ainsi que le font les Hollandais au Texel pour franchir les hauts fonds ; c'est aussi ce que font les Russes dans la mer noire et dans la mer Caspienne, par la même raison ; on peut encore emploier avec succès des tonnes, ainsi que je l'ai vu faire à Cherbourg, pour ces cônes immenses, qui, par ce moyen ingénieux, voguaient légèrement sur la surface de la mer.

Nos vaisseaux arrivés à la hauteur du Caire, ce sera alors aux ingénieurs et aux machinistes qui sont à la suite de l'armée, à imaginer les moyens de faire marcher le corps de nos vaisseaux jusqu'à Suez.

Et pourquoi n'y réussiraient-ils pas, surtout, avec la ressource des chameaux, réunie aux puissans effets d'une savante méchanique aujourd'hui si perfectionnée ?...

Cette idée hardie épouvantera sans doute la multitude accoutumée à ne croire possible que ce qu'elle connait, et ce qu'elle est habituée à voir.

Mais, elle ne découragera point des artistes habiles, des hommes de génie et des Français, sur tout quand ils réfléchiront qu'avec des connaissances moins étendues que les nôtres, les Grecs, les Romains, et dans des tems modernes, des nations babares ou éclairées depuis peu d'années, ont osé et exécuté des choses aussi difficiles.

En effet des généraux grecs ont plus d'une fois fait passer, à force de bras, des flotes entières pardessus des isthmes ou portions de terrein considérables. — Les Romains ont cent fois transporté de l'Égypte et de l'Asie à Rome des obélisques et autres monumens d'un poids immense.

Mahomet II, pendant le siége de Constantinople en 1453, n'employa que quelques jours à faire hisser à terre, et transporter l'espace de deux lieues, quatre-vingt galères et soixante-dix autres bâtimens de guerre.

Ce que les Grecs, ce que les Romains, ce que des Turcs mêmes ont fait, pourquoi ne le ferions-nous pas ?..... Je m'attends bien que l'on m'objectera que ces galères grecques et turques ne peuvent se comparer, pour le poids et les dimensions, à nos vaisseaux de ligne.

Voici ma réponse : En admettant pour un moment que ce calcul est exact ; en accordant encore que les obélisques de granit, d'un seul bloc et de cent vingt pieds de hauteur, que les Romains ont si souvent transportés de l'Égypte ou de l'Asie à Rome, ne fussent pas équivalens en poids à celui d'un vaisseau de ligne réduit à sa coque seule ; en admettant tout cela, et même en ne parlant pas du célèbre Taureau-Farnèse, ni de son groupe composé de quatre figures plus grandes que nature, représentant les fils d'*Antiope* attachant *Dircé*, rivale de leur mère, à la queue d'un Taureau indompté ; ce groupe et sa base énorme, formés d'un rocher de marbre d'un seul bloc ! ... En passant également sous silence ce colosse de Rhodes, entre les jambes duquel voguait aisément un vaisseau à pleines voiles ! .... en laissant de côté ces objets de comparaison :

Je demande à mon tour si le rocher de granit, servant de base à la statue de Pierre le Grand, à Pétersbourg, n'était pas d'un poids plus énorme que le corps d'un vaisseau de ligne ; et cependant des Russes, guidés, il est vrai, par un artiste français (Falconet) et par un artiste italien (le comte Carburi), ont enlevé ce rocher du sol fangeux de la Finlande, et l'ont fait marcher par terre et par eau jusqu'à Pétersbourg.

Notez que des forges, tout leur attirail, et un grand nombre d'ouvriers étaient établis à demeure sur ce rocher pendant toute sa marche ; ils s'occuppaient à le tailler et à le dégrossir en route.

Or si des Russes ont opéré ce prodige sur un terrein marécageux qui s'abîmait souvent sous ce poids immense, pourquoi donc des Français ne feraient-ils pas l'équivalent sur un terrein plane, ferme et solide, étant d'ailleurs secondés par des milliers de chameaux, et par des artistes et des ingénieurs du plus grand talent (1) ?

---

(1) Je suis entré dans quelques détails sur le transport du rocher conduit de Finlande à Péterbourg, et dont le poids était d'environ QUATRE MILLIONS de livres, parce que ce fait s'étant passé sous nos yeux et sous ceux de l'Europe entière, ne laisse aucune ressource à l'incrédulité la plus décidée.

Mais j'aurais pu citer un fait bien plus étonnant, c'est le transport fait par les ordres de Sémiramis, d'un rocher pesant SEIZE MILLIONS de livres. --- Ce rocher qui fut taillé en obélisque, fut amené à Babylone des montagnes de l'Arménie, c'est-à-dire de plus de trois cents lieues !

Mais, dira-t-on, comment parvenir à déterminer les troupes à ces travaux extraordinaires, et comment suppléer au défaut de bras et à tous les matériaux nécessaires pour ces mêmes travaux ?

Comment ?...... Le voici : Vous avez à votre disposition toutes les ressources morales et physiques.

En effet, quand Alexandre, après avoir conquis l'empire Persan, voulut traîner ses soldats dans l'Inde, les phalanges macédoniennes épuisées de travaux, et dont les nombreux lauriers ne suffisaient pas pour couvrir leurs blessures et leurs cicatrices plus nombreuses encore, se mutinèrent et refusèrent de suivre ce conquérant.

Que fait-il ?..... il les harangue, il les raille, il stimule, il irrite leur amour propre; il leur dit qu'il va exécuter avec les Perses, avec les vaincus, ce que les vainqueurs n'ont pas le courage d'entreprendre ; et à l'instant ces mêmes Macédoniens le supplient d'oublier leurs murmures, et jurent de lo suivre jusqu'aux bornes du monde !......

Ce bloc avait cent trente pieds de longueur sur vingt-cinq de largeur, et autant d'épaisseur. --- Voyez Diodore de Sicile, Livre XI, Chapitre 1.

Eh bien, si l'armée de Buonapärte se décou-
rageait un moment, que ce général lui
adresse ce discours ou tel autre équivalent:

» Soldats Français, vous perdez courage
avant d'avoir rien osé, avant d'avoir essayé
vos forces ! Hé quoi, Alexandre, après des
années entières de marches pénibles à travers des régions immenses et sauvages ; après
des années de siéges meurtriers et de travaux
inconcevables; après vingt batailles sanglantes,
où il eut à combattre et à vaincre des millions
d'hommes ! Alexandre propose à ses soldats,
à des vétérans épuisés, de les conduire aux
Indes, et ils le suivent : et vous, soldats
Français, vous qui êtes à la fleur de votre
âge et brillans de force et de santé; vous qui
êtes encore aux portes et sous les yeux de la
France ; vous à qui je promets sous quelques
mois, sous quelques jours la conquête de
l'Inde anglaise, au prix de quelques travaux
momentanés, vous n'auriez pas le courage
de les entreprendre ! Non, je ne vous ferai
pas l'injure de le croire. — Mais pourquoi
vous parler d'Alexandre et de ses Macédoniens ?..... Des barbares, des Turcs, sous
les ordres de Mahomet II ; des hordes de
sauvages, des Tartares enfin, sous ceux de
Tamerlan et de Gengis-Kan; et sous vos

yeux mêmes, des Russes, par les ordres d'une femme, ont exécuté avec succès des entreprises pareilles à celles que je vous propose ;..... et vous, soldats Français, vous n'oseriez pas même les tenter, et vous consentiriez à rester, à vous placer vous-mêmes, dans l'opinion de l'Europe et de l'univers, au dessous des Russes à peine civilisés, au dessous des sauvages Tartares, au dessous des Turcs esclaves !.... Non, non, soldats Français ; non, vainqueurs des Autrichiens et conquérans de l'Italie, non, je ne vous ferai pas l'injure de le croire ! »

C'est ainsi, c'est par un pareil discours que Buonaparte sera sûr d'enlever l'assentiment de son armée, et de lui faire entreprendre sans murmure les travaux nécessaires.

D'ailleurs, indépendamment des bras de nos soldats qu'il faut ménager le plus possible, on emploiera, comme l'ont fait tous les conquérans, les bras des indigènes ; et certes la population du Caire seul, étant de cinq cents mille ames, offrira des ressources plus que suffisantes ; sans doute que l'on saura faire avec de pareils moyens sur le sol ferme et solide de l'Égypte, ce que les Russes ont fait avec des moyens inférieurs sur le sol noyé

et fangeux de la Finlande et de l'Ingrie; et
si l'on présume que le voisinage et la navigation de la Néva ont donné des facilités aux
Russes , par les cables et autres agrets nécessaires aux machines , je répondrai que le
voisinage du Nil et sa navigation en fourniront
également aux Fançais.

Je persiste donc à proposer de transporter
à Suez la moitié de notre flotte. Alors nous
serons en mesure d'attaquer les Anglais dans
l'Inde, de concert avec les Marattes, dès la
campagne prochaine , et nous devrons cet
avantage à notre génie, à nos connaissances
méchaniques et à notre audace.

NOTE ADDITIONELLE.

On m'a souvent demandé , avant et depuis
la sortie de la flotte de Toulon , pourquoi
j'avais toujours pensé que sa destination était
pour l'Égypte , et non pas pour le Portugal,
le Brésil, l'Angleterre, l'Irlande, ou enfin,
pour la Sardaigne , la Sicile ou la Crimée;
car on lui donnait toutes ces destinations.

Voici mes raisons :

Je n'étais pas plus initié qu'un autre dans

le secret; mais en supposant au gouvernement de l'énergie et même de l'audace , je lui supposais en même tems des lumières et de la sagesse.

Or, le simple bon sens indiquait que l'amiral Jervis croisant dans le détroit de Gibraltar avec une escadre très-supérieure à la nôtre, nous ne pouvions pas en tenter le passage, sur tout avec un convoi de trois cents voiles; c'eût été le comble de l'absurdité.

Donc, il était évident pour moi que l'expédition ne pouvait être destinée ni pour l'océan, ni pour aucun point continental en contact avec l'océan.

Quant à la méditerranée. — La Sardaigne ne méritait pas à beaucoup près les frais d'un pareil armement.

La Sicile ne pouvait pas non plus en être l'objet, attendu que le traité de *Campo-Formio* la mettait pour le moment, ainsi que Naples, à l'abri de toute hostilité de notre part.

Enfin, la Crimée n'étant accessible pour nous que par le détroit des Dardanelles, et les Turcs étant en paix avec les Russes, la Porte ne pouvait pas nous ouvrir ni nous permettre ce passage.

Donc, il était encore démontré pour moi que la flotte de Toulon n'avait pour but dans

la méditerranée ni la Sardaigne, ni Naples,
ni la Sicile, ni la Crimée, et encore moins
d'aller détruire quelques nids de corsaires à
Alger, Tunis ou Tripoli.

Donc, elle ne pouvait avoir d'autre but en
difinitif que l'Égypte.

Tels sont les motifs qui on déterminé mon
opinion.

Au reste, si les circonstances actuelles ne
nous permettaient pas de nous porter dans ce
moment sur la Crimée, ni dans la mer noire,
j'ai indiqué en 83, dans les considérations
politiques, pages 35 et suivantes (dans le
cas d'une rupture entre les Russes et les
Tucs, et où nous serions auxiliaires de ceux-ci),
j'ai indiqué, dis-je, les moyens de pénétrer
alors rapidement dans le cœur de la Russie,
par le *Don* ou *Tannaïs*, en portant une escadre et un corps d'armée dans la mer noire, et
en enlevant Azof, Kertsche et le fort Sainte-
Anne aux Russes, de concert avec les Turcs.

Mais, pour que nous puissions attaquer les
Russes sur ce point, et couper leur empire en
deux par cette invasion, dès l'ouverture de
la première campagne, il faut, de deux
choses l'une, ou être auxiliaires des Turcs,
ou être maîtres du détroit des Dardanelles :
or, les Turcs sont maîtres des Dardanelles,

ils

ils sont en paix avec les Russes, et ils sont religieux observateurs de leur parole et de leurs traités ; donc, la mer noire nous est fermée quant à présent, et par conséquent les Russes à l'abri de toute hostilité de notre part.

F I N.